LOS BENEFICIOS DEL STORYTELLING Y LA NARRATIVA PERSONAL PARA TU VIDA LABORAL

Mis 6 secretos para construir tu Marca Personal basada en la credibilidad y la confianza

#IMPROPARALAVIDA

Producción Ejecutiva LNG LLC
Editor literario Viviana Andrea Fontecha Donoso
Diseño gráfico y Edición Carlos Felipe González

Tendría que agradecerle a mucha gente por este primer paso editorial en mi vida, pero nombrarlos a todos sería un trabajo largo y podría dejar a alguien por fuera y no me gustaría, por eso quiero agradecer a alguien en quien centro hoy un agradecimiento existencial por ser quien hace que las cosas pasen de manera contundente en mi vida en el último tiempo.

Gracias a mi Lanza y amigo Andrés Varela.

¡Hola!

Soy Luis y estoy feliz de que tengas hoy en tus manos este libro.

Desde hace varios años descubrí el impacto que una buena historia puede tener en las personas. Al principio creí que el Storytelling solo servía para entretener a la gente con mis anécdotas. Luego empecé a darme cuenta que *saber contarme* me ayudaba en mi trabajo.

Te has puesto a pensar que, sin importar si eres empleado, independiente, empresario, emprendedor, jefe o subalterno, ¿tú eres el producto? ¿La persona que brinda la experiencia de servicio de TU MARCA PERSONAL?

Este principio básico de tu realidad te exige dos cosas:

✓ Hacer consciencia de quién eres y la manera como te presentas a los otros.

✓ Buscar la manera de ser coherente entre lo que piensas, sientes, dices y actúas.

El Stroytelling y la Narrativa Personal es la manera consciente de contar quién eres a través de la coherencia de lo que expresas — tanto verbal como gestual —, para construir relaciones basadas en la credibilidad y la confianza.

Tu Marca Personal es la coherencia entre la esencia de quién eres y cómo eso que eres se ve reflejado en lo que haces.

La pregunta entonces es:

¿Cómo quieres ser recordado?

Hoy quiero contarte cómo puedes usar el Storytelling y la Narrativa Personal en entrevistas de trabajo, en reuniones, presentación de informes o proyectos, en las juntas con tus jefes y/o subalternos... para ser recordado de la manera correcta, por las razones adecuadas.

Luis Zafra Zafra

¿QUÉ ES EL STORYTELLING Y LA NARRATIVA PERSONAL

El Storytelling es el arte de contar historias, pero no cualquier historia y de cualquier manera. No se trata solo de narrar un acontecimiento o una vivencia.

Se trata de contar una historia de tal forma que te conectes con tu público, para que logres tocar sus emociones y provoques reflexiones. Esas son las historias que serán recordadas.

¿Por qué?

Porque una historia que te hace sentir, te hará pensar. Y ese es el camino para movilizar las acciones que cambien los comportamientos.

¿Y qué pasa con la Narrativa Personal?

Como su nombre lo indica, es el arte de contar tu historia personal.

Ahora, cuando el Storytelling y la Narrativa Personal se juntan, sucede algo *mágico*.

Aprendes a narrar quién eres y de lo que eres capaz, desde tu historia personal.

Es decir, construyes tu Marca Personal expresando lo que sabes, lo que sientes y la experiencia desarrollada a partir de las vivencias de tu vida, en los roles y ambientes de tu cotidianidad.

El Storytelling y la Narrativa Personal no cuenta solo una anécdota ni se encarga solo de proporcionar un mensaje, sino que **traza un recorrido** que deja una huella de quién eres tú en los demás.

¿Y cómo lo haces si nunca lo has hecho?

La respuesta más obvia es practicando.

Sin embargo, entiendo tu temor de enfrentarte a una nueva experiencia. Para eso, escribí este libro; para que tengas una hoja de ruta cada vez que quieras contarte a través de tus historias y así construir una Marca Personal basada en la credibilidad y confianza.

1 SECRETO: DEFINE TUS OBJETIVOS

Cuando cuentas tus anécdotas e historias, ¿tienes claro cuál es el mensaje que quieres entregar?

Recuerda que estás construyendo tu **Marca Personal**. Por eso es importante que tengas claro cuál es la imagen que quieres proyectar al contarte con tu historia.

No hay nada peor que querer descrestar a tus jefes o compañeros de trabajo, con una historia que te hace ver como un payaso, un tirano o, peor, un incompetente.

El Storytelling y la Narrativa Personal te ayuda a construir y contar tus historias, a través de la definición de **3 objetivos** fundamentales:

¿Por qué?

Es la claridad y sentido al seleccionar tu historia.
¿Por qué eliges esa historia y no otra?

¿Para qué?

Es la finalidad que tienes al contar esa historia.
¿Cuál es el mensaje o la reflexión que quieres dejar
una vez terminada la narración?

Búsqueda superior

Es una afirmación. Es el objetivo que contiene a los 2
anteriores. Tiene que ver con la claridad de la expresión
de tu Marca Personal desde 2 aspectos:

-Cómo quieres ser recordado, hacia dónde quieres ir y
llevar tu imagen personal.

- La manera cómo quieres que los otros te observen, qué
quieres contar y dejar de ti en cada una de esas historias.

ES HORA DE TU ENTRENAMIENTO

Todo el tiempo te estás contando. Continuamente le dices a los demás quién eres, cómo eres y lo que buscas, a través de la manera como estableces tus relaciones y transmites — en cada uno de los espacios y roles — lo que tienes por decir.

Es entonces muy importante que trabajes en un ejercicio narrativo consciente, a partir de definir la secuencia de objetivos. A partir de estos sencillos ejercicios, podrás generar consciencia de lo que dices y cómo lo dices.

1. El ¿por qué?

Esta observación la debes hacer en dos tiempos:

- **Pasado**, haciendo memoria.
- **Presente**, escuchándote.

a. Haz memoria e identifica cuáles son los temas que con más frecuencia están presentes en tu vida.

b. Revisa cuáles son las historias de tu vida y las anécdotas, propias o prestadas, que más usas para hablar de ti, para contar lo que te gusta o lo que quieres decir.

Escribe aquí, tratando de clarificar:

- **Por qué** te gustan estos temas:

____
____
____
____ .

- **Cómo** te identificas con ellos:

____
____
____
____ .

- **Por qué** esa historia lo evidencia para ti:

____
____
____
____ .

2. El ¿para qué?

Siempre haces lo que haces con el interés, consciente o no, de obtener algún resultado. Solo piensa que, cuando estás en el plan de conquistar, tu manera de comunicar y contarte busca posicionarte como un ser atractivo frente a la otra persona. Cuando estás ante un público, buscas seducirlo y mostrarte como alguien confiable, conocedor o experto en un tema. Es decir, creíble.

Pero este ejercicio no siempre lo haces conscientemente; más bien, responde a impulsos socioculturales que, a veces, parecen ser involuntarios. Es como si debieras ser y comportarte de una u otra manera, por el supuesto "rol" que desempeñas.

Por eso, es importante elevar, tanto como puedas, tu nivel de consciencia acerca de **cuál es el objetivo que buscas al escoger y usar una u otra historia o anécdota.** Esto te ayudará a que tus narraciones respondan cada vez menos a estereotipos y más a quién eres.

La pregunta aquí es:

¿Sabes realmente cuál es el objetivo que quieres lograr cuando escoges una historia o una forma de contarla?

En las últimas 2 semanas y teniendo en cuenta los diversos roles de tu vida en el trabajo, con tu pareja, con tus hijos, hablando en público, etc., responde a las siguientes preguntas:

- ¿Qué tan consciente has sido de los objetivos que buscas al momento de contarte?

____
____
____
____
____.

- ¿Qué tan consciente has sido acerca de la forma en que has elegido contarte?

____
____
____
____
____.

- ¿Percibes una diferencia entre las veces que te has contado conscientemente y las que no?

____
____
____
____
____.

3. Búsqueda superior.

Es posible que quieras muchas cosas y que seas un soñador; sin embargo, es también muy probable que no tengas mucha claridad respecto a la imagen de ese sueño y de cómo harás para logarlo (¿te suena familiar?).

La invitación es que te atrevas a imaginar pero, sobre todo, a manifestar formalmente quién quieres ser y pensar en cómo conseguirlo.

Para ello, responde:

- ¿Cómo quieres ser recordado por los demás? (Trata de ser detallado en la descripción de lo que quieres, identificando la huella que quieres dejar en los demás).

____
____
____
____.

- ¿Cómo quieres que los otros te observen? (Es decir, cómo quieres dejar esa huella, haciendo qué y obteniendo cuáles resultados en tu vida).

____
____
____
____.

Estas dos últimas preguntas seguro te generarán la necesidad de pensar en un plan de acciones para lograr lo deseado. No pierdas de vista eso. Puede ser el inicio de la estructuración de un proyecto de vida. Depende de ti.

4. Elige una de las historias que más usas para hablar de ti identificada en el ejercicio 1. Luego aplica cada uno de los 3 ejercicios a esa historia en particular.

**¿Sabes contar historias en secuencia lógica?
¿O eres de los que abre "paréntesis" para aclarar
algo que ya contaste?**

Si tu historia no tiene orden y una secuencia lógica, difícilmente alcanzarás los 3 objetivos que te hayas planteado.

Por lo tanto, no proyectarás la imagen que quieres y esperas.

Para que esto no te pase, es importante que tengas claro cuáles son los elementos que hacen parte de tu historia y que te ayudarán a construir un **Marca Personal creíble y confiable.**

Mensaje

Determina de antemano, cuál es el mensaje que quieres dejar al contar tu historia.

Personajes /
Contexto

Elige los personajes que intervienen en tu narración y el lugar donde se desarrollan los hechos.

Argumento

Organiza el conjunto de acontecimientos que suceden a lo largo de tu historia y que apoyen o ejemplifiquen el mensaje que elegiste.

Conflicto

Es la situación particular que tus personajes enfrentan y te permitirá generar tu mensaje.

Desenlace

Es la manera como el conflicto es resuelto y le da sentido al mensaje que quieres entregar.

ES HORA DE TU ENTRENAMIENTO

Todas las historias que cuentas tienen estos elementos; en algunas, mejor trabajados que en otras. O, a veces, pueden ser tan claramente obviados que identificas su ausencia. Saber de su existencia e importancia, te permite trabajar de manera decidida para aprovecharlos, ya sea de forma técnica o intuitivamente.

Elige una de las historias de tu vida que más te gusta contar o alguna anécdota que sea significativa para ti. (puedes remitirte al ejercicio 1 del capítulo anterior). Después de definir tus 3 objetivos, dedícate a identificar cada una de las 5 partes de tu historia. Escribe cada una de ellas en la siguiente plantilla, para que puedas ver la manera cómo las estas usando:

Elemento	Descripción	Retroalimentación
Mensaje		
Personaje/Contexto		
Argumento		
Conflicto		
Desenlace		

Una vez hayas ubicado las piezas de tu historia en la plantilla, busca una oportunidad donde puedas contar tu historia a alguien conocido. Al finalizar tu relato, pregúntale: ¿Cómo percibiste cada una de las partes de mi historia? Escribe sus respuestas. Esta retroalimentación te ayudará a identificar aquello que conecta con la audiencia y la información que no permite entender tu mensaje con la claridad que esperas.

3 SECRETO: ES MEJOR *SER* QUE *PARECER*

Actualmente hay tanto afán por mostrarse en las redes, de ser valorado socialmente porque te admiran o envidian, al punto que — con facilidad — puedes caer en esta mentira.

Siempre será más importante tu construcción y crecimiento personal, que una imagen pomposa pero frágil de ti. La Marca Personal no es solamente el empaque — la manera cómo te ven los demás —, es todo cuanto eres y dejas en la relación con los otros.

Por eso, es esencial que empieces a ser consciente de quién eres hoy, con tus características positivas y oportunidades de mejora. Identifica cómo te gustaría ser visto y admirado para que, a partir de esos dos puntos, traces un plan de acciones para llegar donde quieres de manera consistente.

Lo importante siempre será Ser como Pareces.

ES HORA DE TU ENTRENAMIENTO

Una de las aventuras más importantes que existen en la vida es el conocerte a ti mismo. Esa posibilidad de ser consciente de quién eres y lo que **sí** tienes.

Sin embargo, no siempre es fácil acceder a ese autoconocimiento pues nos han enseñado a vernos de dos maneras: una, subestimando nuestras habilidades y cualidades; la otra es sobrestimándolas.

Sin duda, eso nos hace daño. El camino correcto es vernos y valorarnos equilibradamente, de tal forma que nos permita disfrutarnos a la vez que tenemos claro el amplio espacio de crecer que cada persona tiene.

Así que prepárate para que te regales un momento contigo mismo, uno que te puede develar tus cualidades, tus posibilidades de mejora y, especialmente, la posibilidad de buscar tu propia mirada equilibrada de ti.

En la siguiente tabla, plasma de manera sincera:

- En la columna de la izquierda las 5 mejores cualidades que tú posees, las que te hacen quién eres.

- En la columna de la derecha 5 posibilidades de mejora, aquellas cosas que sabes que si transformas te harán mejor persona.

Cada una de las cualidades y oportunidades de mejora deben ser descritas de manera detallada.

Nota: Deben ser 5 de cada una, ni más ni menos.

Cualidades	Oportunidades de mejora

Una vez hayas terminado de llenar la tabla, responde:

Después de verte desde esta perspectiva, ¿cómo sientes que te valoras? ¿Te subestimas, sobrestimas o te sientes equilibrado en tu auto observación?

____

____

____

____

____

____ .

A veces tenemos tanto afán porque nos escuchen, por decir lo que tenemos que contar o porque nos vean cómo queremos ser vistos, que se nos olvida que la realidad humana es relacional.

De esta manera, si solo una de las partes tiene la oportunidad, el tiempo y el espacio para expresarse la otra empezará a perder el interés.

Lo anterior quiere decir que tú necesitas establecer relaciones con otras personas, caracterizadas por la calidad del vínculo bidireccional entre las partes.

Uno de los pasos básicos para el Storytelling y la Narrativa Personal es <u>escuchar.</u>

Sí, **escuchar para comprender** el contexto en el que te encuentras y a las personas que están en él. Así, podrás percibir lo que sucede y la forma como se relacionan las personas, para elegir mejor la parte de ti que cuentas y la manera como lo haces.

ES HORA DE TU ENTRENAMIENTO

Puedes hacer algunos ejercicios en tu vida cotidiana que te permitirán entrenar tu capacidad para escuchar. Una vez los hayas realizado, escribe con detalle cómo te sentiste y qué efectos tuvo en la situación.

1. No interrumpas mientras la otra persona está hablando.
Si quieres intervenir y dar tu opinión, espera a que la otra persona termine de hablar... todo lo que quiere decir.

¿Cómo te sentiste haciendo esto?

____
____
____
____
____
____.

¿Qué efectos tuvo esa acción en la situación?

____
____
____
____
____
____.

2. Evita construir tus argumentos mientras la otra persona está hablando. Cuando empiezas a construir tu caso mientras la otra persona habla, **no estás escuchando** ni **estás presente.** Escucha y tómate unos segundos para pensar tu respuesta y cómo la vas a decir.

¿Cómo te sentiste haciendo esto?

____
____
____
____.

¿Qué efectos tuvo esa acción en la situación?

____
____
____
____.

3. Deja de suponer. No asumas que sabes de antemano lo que la otra persona va a decir y las motivaciones detrás de sus palabras. **Tómate el tiempo para escuchar.**

¿Cómo te sentiste haciendo esto?

____
____
____
____.

¿Qué efectos tuvo esa acción en la situación?

____
____
____
____.

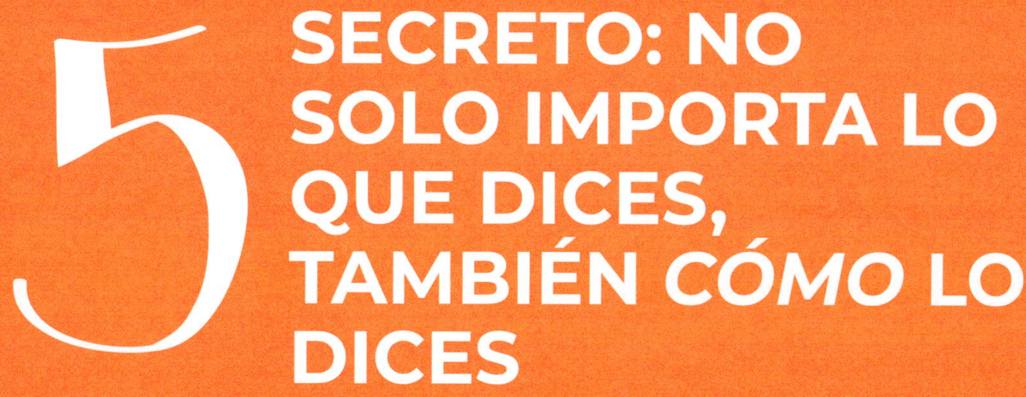

"Tener un discurso bien elaborado es lo importante".
¿Será eso lo único importante a la hora de contarte para construir tu Marca Personal?

Si bien es cierto que un discurso bien elaborado es muy valioso a la hora de interactuar con las personas en todos los ámbitos, no es lo único que cuenta.

Solo imagínate en una entrevista de trabajo donde crees tener las respuesta certeras y adecuadas. O en una presentación ante una gran audiencia, donde tienes tus ideas claras y fluye todo lo que tienes por decir. Eso siempre es una ganancia importante.

Sin embargo, no puedes olvidar - y mucho menos descuidar - tu discurso gestual. Muchas veces es posible ver la incoherencia existente entre lo que se dice con las palabras y lo que se expresa con los gestos faciales y corporales.

Hablar fluida y organizadamente mientras que tu rostro refleja el pánico escénico y tu cuerpo las ganas de salir corriendo, definitivamente **no es coherente ni genera credibilidad y confianza. Adiós respuestas certeras y adecuadas. Nos vemos pronto claridad.**

Entenderte como una unidad expresiva es fundamental al momento de hacer el ejercicio de contarte.

¿Cómo lo haces?

Te entrenas en 3 aspectos fundamentales:

- ✓ El discurso verbal (qué decir, el contenido, las palabras perfectas, etc.).

- ✓ La expresión gestual (sin disimular o aparentar).

- ✓ Estar presente y sinceramente comprometido con el manejo de tus emociones en cada momento (evitar el "cuerpo presente, mente ausente").

Estos 3 elementos te ayudarán a ser sincero con lo que expresas y contribuirán a **evitar la imagen de robot cumpliendo una tarea programada.**

ES HORA DE TU ENTRENAMIENTO

Una de las cosas más importantes al momento de trabajar y crecer en el arte del Storytelling y la Narrativa Personal, es que haya coincidencia entre lo que crees que estás transmitiendo y lo que los demás están recibiendo e interpretando de ti.

Aunque es muy difícil que esto sea perfecto, entre más cerca estén será mucho mejor y el trabajo estará siendo más efectivo y productivo.

Buena parte de las inconsistencias que existen en el ejercicio comunicacional es la desincronización y desintonización de la triada:

Por eso, es tan importante desarrollar la **consciencia de tu desempeño personal.**

Haz el ejercicio de contar una de tus historias o anécdotas en alguno de tus ambientes habituales. Una vez terminada, describe:

¿Cómo te sentiste?

¿Cómo piensas que te fue impactando a la gente con la manera como contaste tu historia?

¿Qué tanto recuerdas de la interacción con las personas y sus reacciones?

Después pregúntale a alguien (o a varios si puedes):

¿Cómo te vieron?

¿Qué entendieron de tu historia?

¿Cómo los hiciste sentir?

Cuando tengas ambas respuestas, podrás contrastar y comparar tus sensaciones con la experiencia de tu audiencia. Este ejercicio te aportará la información necesaria para que generes aprendizajes y desarrolles acciones de mejora en tu habilidad para contarte a través de tus historias.

TU PERCEPCIÓN	LA PERCEPCIÓN DE TU AUDIENCIA
¿Cómo te sentiste?	¿Cómo te vieron?
¿Cómo piensas que te fue impactando a la gente con la manera como contaste tu historia?	¿Qué entendieron de tu historia?
¿Qué tanto recuerdas de la interacción con las personas y sus reacciones?	¿Cómo los hiciste sentir?

**"Todo debe ser ensayado para que salga perfecto".
¿Será que así funciona la vida?**

En mi vida esto fue un gran conflicto, pues me formé como actor en una escuela clásica. Allí la preparación y el trabajo consistía ensayar mucho y con dedicación para que el resultado al momento de presentar la pieza fuera perfecto.

Pero, al mismo tiempo y de manera paralela, me formé en Improvisación Teatral. El mundo de la Impro te plantea el aquí y ahora como la expresión total de tu existencia presente.

La verdad es que la vida no es de extremos ni es estática.

La vida sucede en un equilibrio dinámico de ajustes permanentes, que te permiten usar de manera asertiva y productiva lo que vas aprendiendo.

Es muy importante tener claro el camino, la estructura de lo que quieres decir y cómo lo harás; pero es igualmente importante aprender a improvisar.

Esto te permitirá estar presente, de manera consciente, para relacionarte de forma real con las personas. Lo anterior implica que:

> Improvisar es la capacidad de generar la mayor cantidad de respuestas posibles para elegir la mejor opción a la situación que se presenta, sin quedarte *paralizado* por el miedo o con la *mente en blanco*.

✓ Vivas y manejes tus emociones y las de tu audiencia.

✓ Hagas las elaboraciones racionales necesarias para vivir una experiencia mutua de transformación con tu público.

ES HORA DE TU ENTRENAMIENTO

Cuando de estar en el escenario se trata (o por lo menos de ser el protagonista de un momento en una reunión, haciendo una exposición o conduciendo un momento frente a una audiencia — numerosa o no) es fácil sentir temor o estrés. También suelen surgir dos tipos de actitudes para asumir estos retos:

El primero es el camino **del control y la perfección**. Procuras que todo esté estructurado, detalladamente escrito y organizado, además de ensayado para no dejar detalle al azar y así evitar cualquier inconveniente que te pueda sorprender.

Si bien este camino es una alterativa que busca la tranquilidad a través del control total de las circunstancias, es importante decir que la vida no se puede controlar. Las situaciones pueden cambiar o alterar lo que preparaste, haciendo que se modifique parcial o totalmente lo planeado.

El gran riesgo de este camino es que te puede volver **inflexible y poco adaptativo**, generando mucha presión y hasta pánico al momento de asumir las condiciones no pensadas.

El segundo camino es el de **libertad absoluta y la frescura total**. En este caso, confías plenamente tanto en tus capacidades como en la posibilidad de entablar una relación fresca y real a partir de la interacción desprevenida con el público.

Este camino aporta una dosis de adrenalina y vivencia extrema del aquí y ahora, pero su riesgo radica en que, al no tener tan claramente definido los objetivos y depender más de la relación viva con la audiencia, te puedes **desviar de lo importante**. Lo anterior te impedirá ser claro, importante y aportante para los demás, al momento de entregar
el mensaje.

Cómo te dije antes, es tan importante lo que cuentas (contenido) como la forma en que lo haces. Por eso, escoge una de tus historias favoritas para hacer el siguiente ejercicio:

1. Define la secuencia de objetivos: por qué, para qué y alinealos con tu búsqueda superior.

2. Organiza con claridad la tabla de elementos de tu historia: mensaje, personajes y contexto, argumento, conflicto y desenlace.

3. Ha llegado el momento de pensar en la ruta de la historia. Prevé una ruta que te encamine hacia los objetivos establecidos de manera fluida y natural — dejando espacio para la interacción viva —, pero a la vez brindando la claridad de un tránsito definido y organizado que le dé contundencia a la narración.

Para construir dicha ruta, utiliza la **escaleta narrativa.**

Toma tu historia para repasar el contenido y secuencia de los sucesos que la componen; es decir, cada uno de los momentos que tú consideras importantes. Ponles un nombre y una frase descriptiva de su contenido.

Organízalos en una lista que muestre el recorrido narrativo desde el inicio hasta el final. Así podrás recordar con orden cómo va tu historia, definiendo cada momento y su importancia. Esto te permitirá **manejar adecuadamente el tiempo** de cada momento y el acento que quieras manejar para cada uno de ellos.

Te dejo un ejemplo con el cuento de Caperucita Roja.

Escaleta Narrativa de Caperucita Roja.

1. Saludo al público.
2. Introducción de la historia "Caperucita Roja".
3. Presentación de los personajes y el contexto de Caperucita Roja y la mamá.
4. Anuncio del encargo: Llevar unas viandas a la abuela.
5. Anuncio del peligro: Se presenta el personaje del Lobo.
6. Ilustración del alentador paseo por el bosque. En paralelo se genera el acecho del Lobo.
7. El Lobo aborda a Caperucita: La engaña justo en el cruce de los caminos.
8. Caperucita, en su inocencia, se deja engañar.
9. Eventos paralelos: El Lobo llega a casa de la abuela y la devora mientras Caperucita, agotada, hace el camino largo.
10. Caperucita llega a casa de la abuela: Encuentra la puerta abierta, lo que le genera preocupación. Su sospecha se va incrementando cuando tiene el diálogo de preguntas con la abuela.
11. Ataque sorpresivo del Lobo: Caperucita termina siendo comida, también, de un solo bocado.
12. El Lobo está más que satisfecho: Ilustración de un Lobo desbordado por la llenura, tirado en el suelo y dormido.
13. Aparición del héroe: El cazador que ha perseguido al Lobo, lo encuentra tirado. Salva a Caperucita y a la abuela.
14. Momento de refuerzo del mensaje.
15. Agradecimiento y despedida.

Es hora de entrenar

Recuerda que el protagonista de tu vida ERES TÚ.

Construir una Marca Personal confiable y creíble está en tus manos.

Entrena, ejercítate y planea.

Pero ten en cuenta que las cosas no siempre salen como esperas.

Así que no dejes que el miedo te paralice.

¡Improvisa!

CONOCE
#IMPROPARALAVIDA

#ImproParaLaVida es la metodología que diseñé para ayudar a las personas a **cumplir sus sueños y disfrutar la vida.** Los dos pilares principales de #ImproParaLaVida son:

La lúdica en el aquí y ahora de la Improvisación.

La mirada terapéutica de la Psicología.

#ImproParaLaVida es una metodología que te ayuda en:

Tu crecimiento personal. Aprenderás a tomar las riendas de tu vida, a dejar de depender de los demás y las circunstancias para ser quien quieres ser y vivir la vida que deseas. Fortalecerás tu estructura interna, al tiempo que clarificas tu sentido y proyecto de vida.

Tu desarrollo profesional. Desarrollarás competencias que te permitirán tener un mejor desempeño en tu trabajo y relaciones más saludables. Esto hará que te destaques por las razones correctas.

¿CUÁLES SON LOS BENEFICIOS DE ENTRENARTE CON #IMPROPARALAVIDA?

- Te vas a divertir mientras descubres quién eres, cuáles son **TUS habilidades y qué quieres para tu vida.**

- Aprenderás haciendo. Lo valioso no es lo que aprendes sino lo que **pones en práctica en tu vida.**

- El protagonista de tu vida eres TÚ. Por eso, para mí es importante ayudarte a responder 3 preguntas fundamentales:

  ✓ ¿Quién eres?

  ✓ ¿Quién quieres ser?

  ✓ ¿Cómo quieres ser recordado?

- **Ganarás seguridad y confianza en ti mismo,** para asumir nuevos retos personales y laborales.

- Aprenderás a bajar los niveles de estrés y de conflictos en tus relaciones, ya que podrás:

✓ **Expresar cómo te sientes sin lastimar a la otra persona** (al explotar), ni lastimarte a ti (por quedarte callado).

✓ Escuchar para **comunicarte y resolver.**

- Sentirás cómo **tomas las riendas** de tu vida, al **empoderarte** de tus capacidades y ser consciente de tus habilidades.

- Identificarás cuál es tu **valor único** que te hace **memorable.**

Entrena conmigo, descubre quién eres y lo que eres capaz de hacer.

Aprende a manejar adecuadamente tus emociones, mejora tu comunicación y construye relaciones más sanas y productivas.

Potenciar tus competencias blandas con #ImproParaLaVida te convertirá en una persona **importante** y **aportante** en tu entorno.

LUIS ZAFRA ZAFRA

Crecimiento Personal para
el Desarrollo Profesional

www.luiszafra.com

 +57 3208695245

 Luis@luiszafra.com

 @lfzafra

 Luis Zafra Zafra

 Luis Zafra

Made in the USA
Monee, IL
07 July 2026

56553678R00024